CUANDO EL RESTO SE APAGA

Zompopos
El libro es un Zompopo
Élitro Editorial del Proyecto Zompopos
(The Zompopos Project)
New York – New Hampshire
www.zompopos.org

El Proyecto Zompopos: Este proyecto promulga al Zompopo (hormiga corta hojas/atta cephalotes) como un símbolo de cooperación entre los humanos y nuestro medio ambiente, identificando intereses comunes en necesidades, cultura, lenguaje e ideales. Propone un auto-examen de nuestra cotidianidad y una revisión de nuestras formas de consumo para dar nuevos usos a objetos que normalmente desechamos.

The Zompopos Project: This Project champions the Zompopo (leaf cutting ant/atta cephalotes) as a symbol of cooperation amongst humans and our living environment by finding common ground via needs, culture, language and ideals. It proposes a look at our daily lives and a revision of our modes of consumption in order to find uses for objects we would normally discard.

CUANDO EL RESTO SE APAGA

KIANNY N. ANTIGUA

Zompopos
El libro es un Zompopo

© ***CUANDO EL RESTO SE APAGA***
© Kianny N. Antigua, 2013
D.R. El libro es un Zompopo
    Élitro Editorial del Proyecto Zompopos

Diseño de portada: Keiselim A. Montás & Kianny N. Antigua
Foto de portada: D.R. © Keiselim A. Montás, 2012

Viñetas: D.R. © Andy Castillo
              castillo97@hotmail.com

Todos los derechos reservados por la autora. No se permite la reproducción total o parcial, en ningún medio o formato, sin la autorización previa y por escrito de la titular del *copyright*.

ISBN 10: 0-9788597-9-0
ISBN 13: 978-0-9788597-9-4
Hecho e impreso en los EE.UU./Made & Printed in the U.S.A.
Correo electrónico: AlaEditorial@zompopos.org

A Keysi y a Mía,
por serlo todo.

Índice

Prólogo xi
    Dentro del marco 3
    «Pude ver el final» 4
    Asciendo 5
    «Dormido hasta el polvo» 7
    «La rudeza de tus manos me estrujó» 8
    «Se me han muerto las palabras» 9
    Cuatro sentidos 11
    «En sus ojos encontré el menguante que le robó a la luna» . 12
    Lo innombrable 13
    Allí, donde nuestro amor será eterno 15
    A falta de inocencia 16
    «Los rayos entran» 17
    La lluvia 19
    «Mientras mi hermana menor puja de su vientre la luz» 20
    Semanario 21
    Little Ashes 23
    «Los colores de la naturaleza se adelantan a mi otoño» 24
    «Al amanecer, algo de la noche muere» 25
    «Tumbada por la brisa que ahoga el recuerdo» 27
    «Este futuro sin huesos» 28
    Metamorfosis 29
    Cosida 31
    «He visto el sol salir por su centro» 32
    ¿Cómo puede salirse el hombre de su propia sombra? 33
    Cuando el resto se apaga 35
Biografía 37

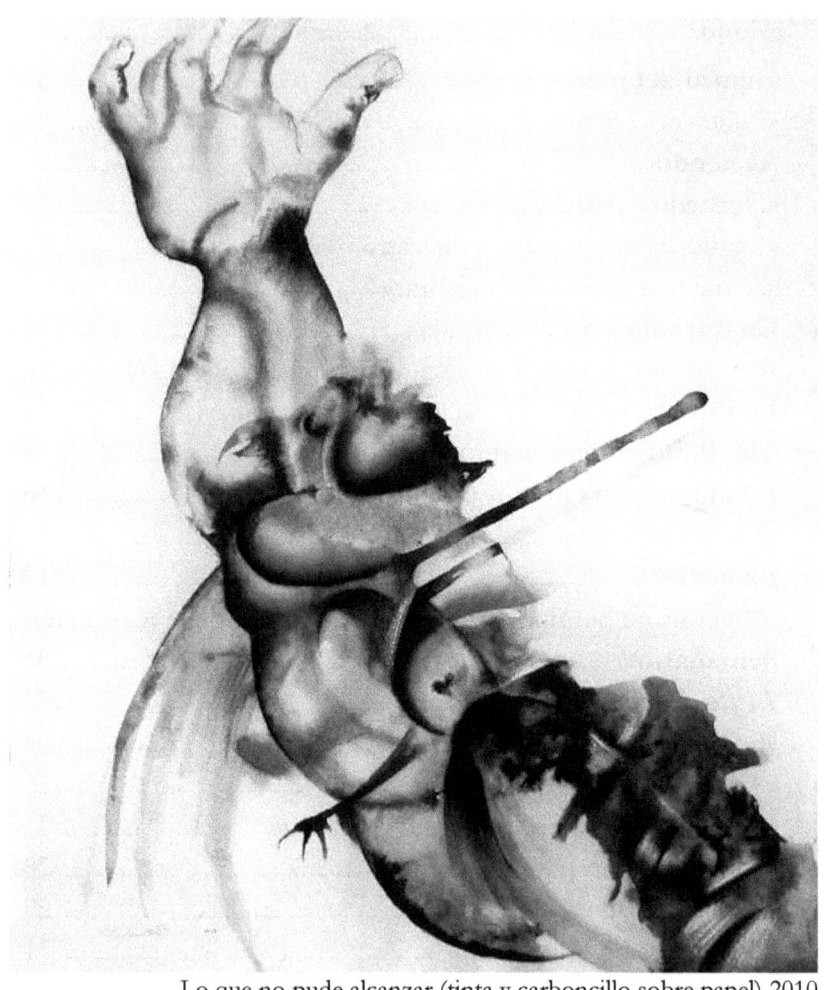

Lo que no pude alcanzar (tinta y carboncillo sobre papel) 2010

Prólogo

Cuando el resto se apaga o la cosificación del ser

> *Vivo sin vivir en mí*
> *y tan alta vida espero*
> *que muero porque no muero.*
>
> Santa Teresa de Jesús

En *Cuando el resto se apaga*, primer poemario de Kianny Antigua, se examina la condición humana partiendo de ciertos símbolos que retratan un universo desolado y ruinoso. La voz poética, con un tono que oscila entre la añoranza, la desidia y el espanto, se sitúa dentro de un marco que, como ese símil en la novela bombaliana, representa el féretro, estableciendo desde un principio la paradoja «estar muerta en vida». Por ello, inmersa en una suerte de duelo, de melancolía, la voz poética parece «vivir» entre fantasmas, se margina, se anula, se cosifica; no pretende purgarse para mitigar la obsesión, para sacar al objeto lírico del adentro, más bien insiste y lo busca en la memoria, en el sueño, en el embeleso. En este intento procura retrasar o adelantar el reloj, se martiriza, anhela una cuenta regresiva o progresiva que eclipse el presente, esa zona que se le antoja tibia y baldía como el limbo dantesco, punto neurálgico de la soledad, la abulia y el desdén.

Al abrir el libro, el lector cae en la trampa y al igual que la voz poética, queda atrapado, momificado «Dentro del marco». Desde allí ve cómo los pisos de madera se deslizan y buscan refugio en las pisadas de los fantasmas, cómo se comunican y coexisten con seres invisibles, cómo conviven con un yo-mujer absorta y cosificada, presa en las redes del insomnio, aferrada a la mirada del exterior a través de una ventana, como el caballete que sostiene el alféizar-lienzo en la pintura de Magritte, contemplando el bailar atroz de las hojas que no hace más que perfilar un estado anímico determinado, plasmar una atmósfera tenebrosa, brutal. Esta acertada prosopopeya se retoma en la tercera estrofa:

> Mientras los quicios
> casi sucumben al movimiento,
> al ruido,
> los humanos
> bajo las sábanas
> buscan la cercanía. (3)

En este primer poema cabe destacar la elección de los verbos «avivar» y «sucumbir», porque además de ser conceptos antitéticos, generan imágenes novedosas: «Cada astilla que se dobla, / aviva el temor de los que aún respiran» y «Los quicios casi sucumben al movimiento» (3). Lo cinemático o casi cinemático en los entes inanimados llama la atención. Acentúa el aura fantasmagórica de un espacio que se va edificando a través del poemario, espacio que se convierte en elemento fundamental. Por otro lado, la voz poética, que en los primeros versos es un tanto etérea, alude al ser humano desde la tercera persona, como si no quisiera igualársele; dice, por ejemplo, «los que aún respiran» en vez de «los que aún respiramos» y «los humanos buscan» en vez de «los humanos buscamos». Por eso cuando reaparece en la última estrofa como un «Yo» aparte, cósico, el lector lo digiere como si tal cosa. La idea se reitera en «Asciendo», poema donde vuelven a invertirse los roles: «Siento la escalera moverse bajo mi herrumbre» (5). Mientras la escalera se mueve, la voz poética es herrumbrosa, se cosifica.

Es precisamente en este poema, en otro tenor, donde aparece la figura de Eva, la pecadora, la eterna culpable: «y de todos los pecados que una manzana parió» (5), tema que se repite en otros poemas con igual ironía, como podemos ver en los siguientes versos: «Vestida de hojas» (4) y «La columna / sintió la ruptura de Eva» (7). Es un reclamo sugestivo, paradójico, porque la voz poética, ese yo cosificado, no tiene palabras, «Se me han muerto las palabras / con ellas, se ha ido el deseo de hablar» (9); porque esa mujer cósica vive inmersa en una apatía rampante, «Quiero gritar y la abulia me calla» (11). Pero esta aseveración o inhibición es otra trampa retórica de Kianny Antigua, porque los versos se suceden y reclaman, forjan, por así decirlo, un silencio vociferante; la voz poética se vale de la mirada para gritar, utiliza ese ojo que registra una realidad atroz, denotando su abandono, su indiferencia. Ese ojo implacable y receptivo es elocuente por demás y ella lo sabe, «Los ojos, parecen haberlo visto todo» (9). La voz poética es «toda» ojos, así se nos presenta desde el principio:

> Yo,
> absorta,
> me aferro a mirar las hojas
> que bailan atroces
> del otro lado
> de la ventana. (3)

Y así existe, mirando hasta por los labios, contemplando, observando, de tal forma que en su insistencia por crear universos paralelos, por esa ansia de escapar de su presente, de liberarse, en ocasiones la mirada queda atrapada en un espejismo, como podemos apreciar en el poema «La lluvia»:

> La noche se abre y nace una paloma.
> El cielo hincha sus nubes para acogerla en su regazo
> y en un intento por conocer la tierra
> y los hombres,
> rasga con el pico su vientre,
> evitando así que mis labios distingan
> entre el llanto de Dios
> y las vísceras de una nube. (19)

Dios, el cielo y las nubes; el paraíso o el infierno, no importa, la voz poética prefiere cualquier cosa menos la vida en la que se siente presa, asfixiada, por ello crea fábulas, insisto, forja universos paralelos en la memoria, en los sueños, en la imaginación misma, porque quiere huir desesperadamente del presente:

> Tirada sin poder articular la espera,

> recorren por mis párpados las otredades
> que como cintas de cine, en todas las dimensiones,
> le devuelven una vida anhelada
> y prohibida, a esta tan salobre, solitaria
> y tan irrefutablemente mía. (27)

El tiempo y las conjunciones verbales tienen gran importancia en el discurso poético de Antigua. Si lo dividiéramos en presente, pasado y futuro, podríamos describirlo como un presente estático, árido y feroz, imposible, «Observo a lupas montañas / que nunca sabrán del abrazo. / Soñando mordiscos del cielo» (23); un pasado donde se desencadena una serie de acciones eróticas, prohibidas, «malvadas» pero apetecidas:

> Hube de bañar mi vientre
> (transgredido por demonios)
> en las aguas purificadas del tiempo.
> Sólo así regresaste.
> Sólo así volviste a bajar los peldaños de tu felicidad. (31)

Un pasado que no transige, «El dios perverso del pasado / ha ganado la guerra» (28); y un futuro que representa la esperanza de un reencuentro que sólo se puede conseguir a través de la muerte, que aquí no aparece como un final, sino más bien como un reinicio, adoptando la idea del eterno retorno, «el agotamiento que nos ha dejado la búsqueda de nuestra paz, / no se huye, no muere con la muerte» (33).

Cabe destacar, que para enfatizar esta idea Kianny juega con el valor semántico de la palabra *polvo*, usándola como símbolo dual, paradójico, ambivalente, que bien puede significar el estado máximo de destrucción, en un sentido relacionado con la muerte, pero también el *polvo* como coito, generador de vidas, porque aunque se hable de muerte, los versos de Kianny Antigua respiran, caminan, vuelan, transpiran, están llenos de energía vital.

Al final, la voz poética, en ese afán de adelantar los relojes para arribar a lo inexorable, prevé cómo será la vida después de la muerte, presiente, intuye, vive ese reencuentro que se describe como una vuelta al paraíso:

> Te irás.
> Entonces yo seré pasos
> y más allá, viento
> y más allá el árbol que acogerá el pavor.
>
> Vestida de hojas,
> cubriré tu cara
> y entibiaré tu descanso. (4)

Pero en el ínterin se mantiene en silencio, cósica, «También se me ocurre ser peldaño: / agua que al caerte / no se lanza a la fuga, / se posa en tu vientre / (o en tu espalda)» (29); observando con esos ojos que hablan, «Los ojos, casi mudos, buscan un escape» (35), construyendo al objeto lírico con las palabras que pronuncian su mirada, «un hombre que se convierte en verso / y un futuro que se busca en mis ojos» (16), ese hombre que el viento se lo devuelve cósico, hecho hoja, «El viento / que finalmente te depositó / como hoja en mi puerta» (28). En el poema «Cuando el resto se apaga», mientras espera el futuro-muerte, en un juego erótico magistral, a la voz poética le nacen dedos juguetones que se dejan mutilar por lo innombrable, desafiando la inmovilidad, la desquiciante lentitud del tiempo:

> Mis dedos se tocan e intentan un baile de tinta y magenta,
> juicio y articulaciones;
> pero esa cosa si nombre vuelve a mutilarlos
> y la lámpara me observa preguntándose
> si todos los humanos jugamos al desquicio o si
> sólo lo hago yo
> cuando espero el futuro. (35)

Rubén Sánchez Féliz
Bronx, Nueva York, 28 de marzo de 2013

CUANDO EL RESTO SE APAGA

Alegorías de mi pueblo (acrílico sobre tela) 2012

Dentro del marco

Las noches de insomnio,
los pisos de madera
buscan refugio en la pisada
de los fantasmas.
Se comunican.

Crujen al compás del espanto
y cada astilla que se dobla,
aviva el temor
de los que aún respiran.

Mientras los quicios
casi sucumben al movimiento,
al ruido,
los humanos
bajo las sábanas
buscan la cercanía.

Yo,
absorta,
me aferro a mirar
las hojas que bailan atroces
del otro lado
de la ventana.

Kianny N. Antigua

Pude ver el final
arrimándose al quicio de la puerta.
Te irás.
Entonces yo seré pasos
y más allá, viento
y más allá el árbol que acogerá el pavor.

Vestida de hojas,
cubriré tu cara
y entibiaré tu descanso.

Asciendo

En los ojos de un niño
veo el vacío del mundo.
Siento la escalera moverse bajo mi herrumbre,
al compás de mi pecho
y de todos los pecados que una manzana parió.

La madre se aferra a su cría
sin percibir
siquiera la mitad de mi hueco.

Luego, cuando lo siento todo perdido,
él levanta la mano y me dice adiós.

Soñador (acrílico sobre tela) 2012

Dormido hasta el polvo
quedó el día
tras la llegada irrevocable del sueño.
Allí, las manos fueron cerraduras
los dientes mordieron sus lenguas,
negros, carcomidos y groseros
como muerte.
Pubis con pus y flagelados miembros
fueron los géneros.
La columna
sintió la ruptura de Eva
y el tiempo
le dio de comer
a las lombrices.

La rudeza de tus manos me estrujó.

Me voy a doblar y me voy a guardar en mi mesita de noche, a ver si el olor a caoba me transporta a otro bosque donde no me talen ni me pulan, donde no me destilen ni me procesen ni me vuelvan hoja.

Se me han muerto las palabras
con ellas, se ha ido el deseo de hablar.
Ante mí, el reflejo sostiene
una cara más seca
y la oquedad en mis mejillas
indica la presencia del páramo.
Los ojos, parecen haberlo visto todo.
Cuelgan, como manzana,
como el hijo de Belcebú
lo haría de los ombligos.

Muertas mis palabras
la necesidad de exhumar se inhibe
y desaparece también
la fantasía de ser humano.

Mi mano (acrílico sobre madera) 2012

Cuatro sentidos

Quiero gritar y la abulia me calla.
De todos modos
ya escuchaste cuando el cielo mordió la noche
y las estrellas desfilaron
como tropas hacia la inercia.
Cuando mis pies escribieron
en el surco de la tierra,
bañada de vegetación desértica.
Cuando seguí la hilera de hormigas venenosas
y escuchaste también sus manos
en el momento en que todos los tentáculos
arrugaban tu cara y desnucaban mis verbos,
pararon los ir, se fermentó estar.

No más morder mandarinas
ni tocar pieles que pierden los nombres.
Quiero llamarte y callo
porque tus odios desprecian girasoles
y tu resignación
pernocta inmutable y sorda.

Kianny N. Antigua

En sus ojos encontré el menguante que le robó a la luna.
Pálido, roto.
Un reflejo agrio de lo que podría ser.
En sus ojos encontré los míos anhelando dar el salto fatal hacia la profundidad de la noche.

Lo innombrable

Allí, en el quicio del cuerpo humano que no debemos nombrar,
hay un pantano.
De cuando en vez el olor a putrefacción inunda la linde.
Huevos sin fermentar que atraviesan el hueco buscando el flagelo,
o más seguro, y en mi caso, la hecatombe del destierro.

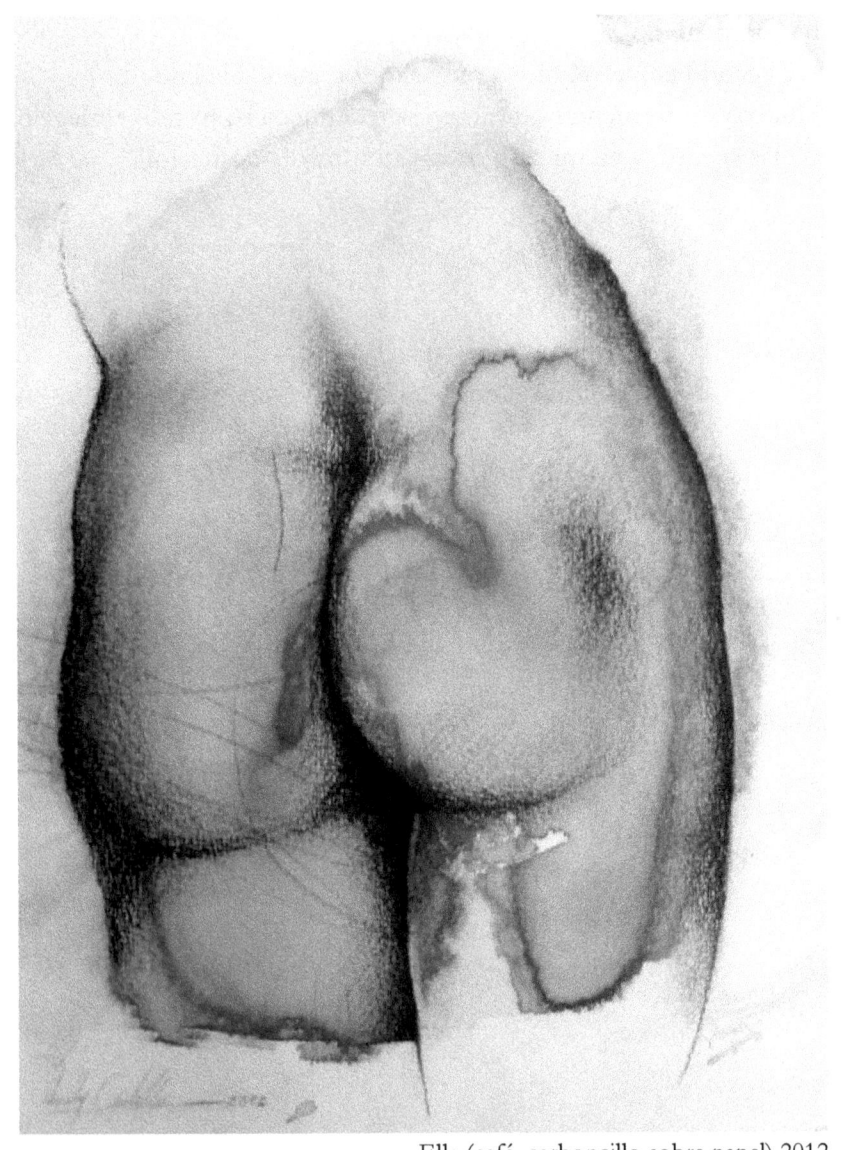

Ella (café, carboncillo sobre papel) 2012

Allí, donde nuestro amor será eterno

Prolongo las horas y espero.
Sin embargo, mientras lo perenne no llega
el juicio se carcome
y le cede su estómago de laberinto a las polillas.

La mano se derrumba
y se rehúsa a continuar amasando preceptos.
Las pestañas, amarradas ante la luz,
perciben el regreso del guerrero
que no cree en la batalla.

La espera persiste
aún cuando la fe se ha confundido con el polvo.

A falta de inocencia

Un taladro
un puente cruzando su destino
un hombre que se convierte en verso
y un futuro que se busca en mis ojos,
en las raíces, en los fracasos de la tierra
y de la convicción del caudillo.

Un día que se desprende de la noche
y vive sin cargar a cuestas
las carretas de su amanecer.

Los rayos entran
tumbando puertas por la ventana.
Me disfrazo de torceduras,
escapando la luz abrasante
que me devuelve al mundo fragmentado de los humanos.
En pos de hermandad,
lavo mis dientes con migajas de pan
para sonreírle a las golondrinas.

Armada de mentiras,
enfrento el día
abstente a que el polvo que hemos regalado a las generaciones
me arrebate la mirada egoísta
y me mande a la cama
imposibilitada de sueños.

El hombre y la naturaleza (tinta, acuarela y carboncillo sobre papel) 2012

La lluvia

La noche se abre y nace una paloma.
El cielo hincha sus nubes para acogerla en su regazo
y en un intento por conocer la tierra
y los hombres,
rasga con el pico su vientre,
evitando así que mis labios distingan
entre el llanto de Dios
y las vísceras de una nube.

Mientras mi hermana menor puja de su vientre la luz, yo suprimo a oscuras sentencias incubadas por la madre, la abuela, la locura y la Inquisición. Desplazo emociones sin culpa como los niños y las brujas que terminan quemados en la hoguera.

Semanario

Desde ayer martes
se acabó el sábado.
Ayer se quebraron
el futuro y la noche.
Los niños imposibilitaron
su nacimiento.
Los ojos me prohibieron
robarle la sombra al campanario
y usarla de vestido
y tu felicidad,
volvió a ser
un personaje extraviado en el sueño.

Sin sábado, dejarán de extenderse
las esperas
y no habrá que secar las toallas después del retorno.

El martes y el sábado
dejaron de entregarle
gaviotas al semanario
y con su escape,
hasta que el recuerdo subyugue mi olvido,
clausuraré la puerta.

Mama (acrílico sobre tela) 2012

Little Ashes

> *Marionetas con tiritas prestadas.*
> *Humanos sin sustancia.*
> *Perros sin ganas, sin rabia.*

Atrapo en lo prohibido el desdén.
Un rayo de mar que atraviesa mi pecho con misticismo sagaz,
le roba un beso a la sombra.
A los silencios los transgreden las máscaras
sin susurros que imploren
sin quejido que valga.

Observo a lupas montañas
que nunca sabrán del abrazo.
Soñando mordiscos del cielo,
dejándose seducir por nubes grises.
Inmorales. Cuajadas. Hipócritas.
Falacia que prohíbe y hiere,
que yerra, corroe y desencadena espasmos de tinieblas.

Pájaros en cabezas
que no conocen el vuelo a través de los dedos.
Pupilas que no florecen,
que se esconden tras la saliva del deber.
Cortinas prestadas que no saben de sol ni de alba;
ni de lágrimas ni de guerras ajenas
ni de almas encarceladas.

Arte atrapado. Llanto. Sexo deshabitado.
Beso que muere y que no alcanza el infierno.

Kianny N. Antigua

Los colores de la naturaleza se adelantan a mi otoño,
mientras las nanas para los niños
usan mis venas como carreteras laceradas y truncas.
¿Cómo no quedarse ciega ante los ojos de un venado?
Asceta al fin, me dejo romper por montes copiosos de paz
y bajo un cielo limpio de fe, observo la hoja
que camina frente al batallón, desnuda de huesos
y de todas sus sombras.

Al amanecer, algo de la noche muere.
Para algunos, la neblina borra los vestigios de sangre
y las pisadas que dejaron los gnomos al bailar.
Para el resto de los ciegos, las hojas que bautizan el alba
son el reflejo de la verdad,
de un día que más que asesino,
es futura víctima de una noche que se acerca.

Aires de libertad (carboncillo sobre papel) 1998

Tumbada por la brisa que ahoga el recuerdo,
insisto en lo absurdo:
en obsesionarme con vestidos de tela a cuadros
que parecen mantelitos con sonrisa y mugre en las rodillas.
Deambular en la memoria me permite
alumbrarme con soles malvados
con lunas penetradas y con ogros
que encontraron la satisfacción
en la plenitud del amor que no les pertenecía,
que era fábula de otro universo.
Tirada sin poder articular la espera,
recorren por mis párpados las otredades
que como cintas de cine, en todas las dimensiones,
le devuelven una vida anhelada
y prohibida, a esta tan salobre, solitaria
y tan irrefutablemente mía.

Kianny N. Antigua

Este futuro sin huesos
sacude mis simientes.
El dios perverso del pasado
ha ganado la guerra
y aunque mis dedos hurguen
en los botones de tus sienes
no podrán jamás extenderse
hasta las manos.

El viento
que finalmente te depositó
como hoja en mi puerta,
decidió tumbarte
en otro otoño,
muchos inviernos atrás.

Hoy,
que de ti sólo queda el polvo
vuelas alrededor de mis pies
haciendo tambalear
con inagotable furia
el presente y la mecha.

Metamorfosis

Sentada en peldaños, paciente
veo el mundo
inmensamente feliz de la ardilla.
Un árbol, algunas nueces y
una cara para limpiarse las manos.
También se me ocurre ser peldaño:
agua que al caerte
no se lanza a la fuga,
se posa en tu vientre
(o en tu espalda).
Pasos que necesitan de tu firmeza
para elevarse,
incluso para tropezar
y hacerse daño en las rodillas
y en las manos que te ignoran.
Ni sol ni viento.
Ambos han sido la envidia constante
de la noche y de las catacumbas.
Creo que seré sólo yo;
así puedo seguir esperando
la transformación,
mientras contemplo el mundo
inmensurablemente feliz
de la ardilla.

Kianny N. Antigua

No soy una marioneta (carboncillo sobre papel) 1998

Cosida

Anoche fue necesario adelantar los relojes,
hacer un holocausto de los juicios y
de las pupilas que te aguardan.
Hube de bañar mi vientre
(transgredido por demonios)
en las aguas purificadas del tiempo.
Sólo así regresaste.
Sólo así volviste a bajar los peldaños de tu felicidad.
Empujaste la puerta, tropezaste con mi olor
y te deslumbraste ante mi noble destreza
de colgar camisas.
Te encontraste en tu huella imborrable
y, con avaricia, cerraste la ventana
que alumbraba nuestros cuerpos;
materias que no conocen el rechazo
que aprovechan cada palmo, gota,
cada palabra silenciada.
Cuerpos que sin ellos
desconocen la utilidad del deseo.
Ya limpia de manos sucias
volviste a mancharme
y no te detuviste ante la ideología
que rodea tu dedo
para entregarle tu pecho a mi frente
y cederle a nuestro roto amor
(y a mi noche)
el remiendo de la indestructible defunción.

Kianny N. Antigua

He visto el sol salir por su centro.
Sus rayos delineaban los horizontes
y las sombras se escondían de las espaldas.
Una bruja, en mi pecho,
guiaba los ojos ante el estallido de luz.
Mis manos tocaban
el mundo imperceptible de una lágrima
y el viento
me permitió la caricia.

¿Cómo puede salirse el hombre de su propia sombra?

Cada día
te olvido menos.

El fuego que sentimos devorar el hoyo donde vive el alma
no lo deshace la desembocadura de la noche.
Caminar siendo espectro, mutante extraviado en pesadillas
        prestadas,
ante la multitud, no lo despierta la muerte.

El silencio que tragamos, la mirada esquiva que nos desarma,
el sabor a piel prohibida, el hambre en los iris de un niño;
la duda,
el agotamiento que nos ha dejado la búsqueda de nuestra paz,
no se huye, no muere con la muerte.

Titiritero (acrílico sobre tela) 2012

Cuando el resto se apaga

La cama se inunda de mi cuerpo,
los oídos vomitan las luciérnagas que atrapé este día,
y lleno las tinieblas de preguntas.

¿Es ésta acaso la cosecha de un hijo
o una factura pantanosa del dios de la vida?

Leo versos ajenos, destruidos
tratando de aplacar la angustia transparente que se posa en mi
 lengua,
(aquella que grita a bocanadas que el peligro se acerca).
Los ojos, casi mudos, buscan un escape,
una puerta clausurada, una ventana con barrotes
invitando al encierro; un pasadizo recóndito,
de los que se esconden detrás del mundo, más allá del muro.
Un reloj que retroceda
y que me encuentre cerca del sueño, en alguna otra noche.
Unas sombras que me escuchen.
Otro amor (de los que no saben doler ni carcomer alas de
 mariposas).
Un buitre.

Mis dedos se tocan e intentan un baile de tinta y magenta,
juicio y articulaciones;
pero esa cosa sin nombre vuelve a mutilarlos
y la lámpara me observa preguntándose
si todos los humanos jugamos al desquicio o si
sólo lo hago yo
cuando espero el futuro.

Kianny N. Antigua

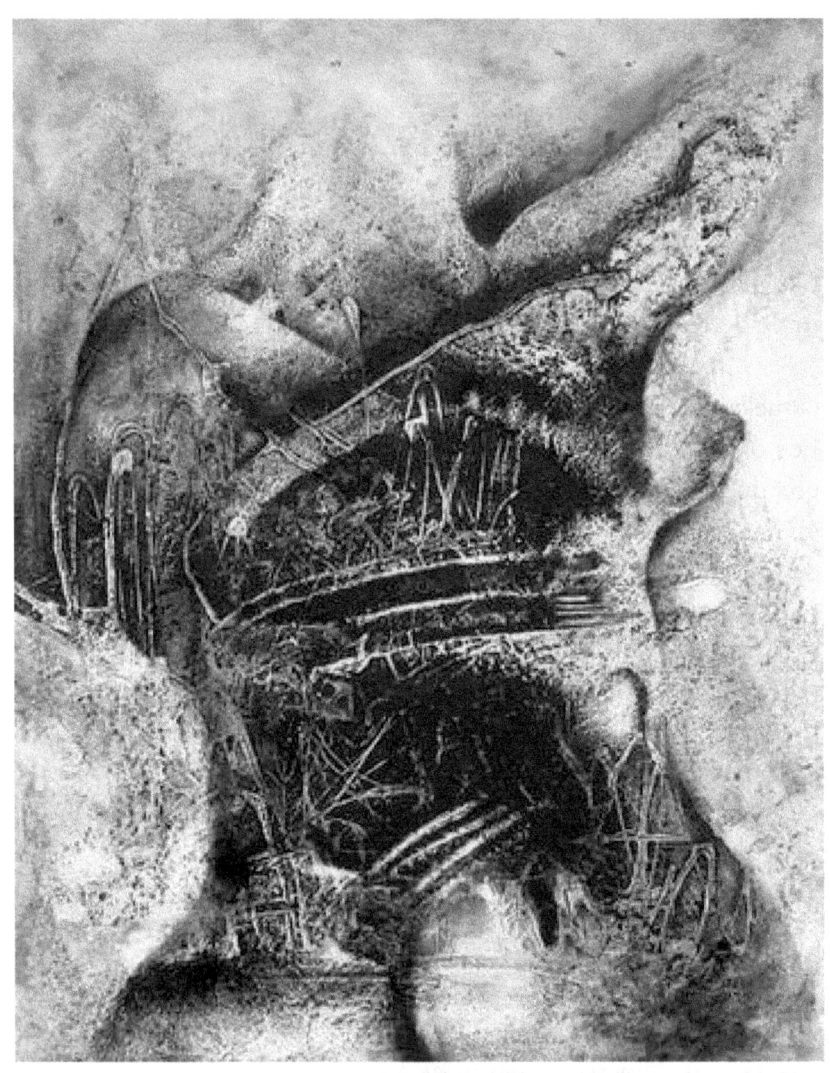

Mythological Woman (acrílico sobre tela) 2011

Biografía

Kianny N. Antigua es profesora y escritora. Nació en San Francisco de Macorís, en 1979. Ha publicado dos libros de cuentos: *9 Iris y otros malditos cuentos* (2010) y *El expreso* (2005). En 2012 ganó dos menciones honoríficas en el Premio Joven de Cuento Feria del Libro; en 2011 ganó 2do lugar y mención de honor y en 2010 otra mención de honor en el Premio de Cuento Juan Bosch, FUNGLODE; en 2000 recibe mención honorífica en *Vendimia Primera*, concurso/antología en honor a Virgilio Díaz Grullón. Además, sus trabajos literarios aparecen en el libro de texto *Conexiones 3ra ed.* (2005) y en *27 cuentistas hispanos* (2004), *Onde, Farfalla e Aroma di Caffe* (primera antología de cuentistas dominicanas traducida al italiano. 2005), *Mujeres de Palabra: Poética y Antología* (2010), *Nostalgias de arena. Antología de escritores de las comunidades dominicanas en los EE.UU.* (2011), *Máscaras errantes. Antología de dramaturgos dominicanos en los EE.UU.* (2011), *Colección. Premios FUNGLODE-GFDD 2011 Cuento* (2012), y en *La conversión de los objetos y otros cuentos premiados. Premio Nacional de Cuento Joven de la Feria del Libro 2012* (2013). Algunos de sus relatos, ensayos y poemas se encuentran en las revistas MediaIsla.net, El Cid, Enclave I y Trazos I, y en su blog: kiannyantigua.blogspot.com

Zompopos
El libro es un Zompopo

CUANDO EL RESTO SE APAGA de Kianny N. Antigua se terminó de imprimir en abril del 2013, en New Hampshire. Esta edición estuvo al cuidado exclusivo de la autora.

www.ingramcontent.com/pod-product-compliance
Lightning Source LLC
Chambersburg PA
CBHW072036060426
42449CB00010BA/2302